Mes jolies sirènes

W0402345

AUZOU

Illustration de couverture : Emna
Direction générale : Gauthier Auzou
Responsable éditoriale : Maya Saenz
Conception et création graphique : Annaïs Tassone
Directeur fabrication : Jean-Christophe Collett
Fabrication : Amandine Durel

Dépôt légal : octobre 2012
ISBN : 978-2-7338-2170-1
Réf. : C12872E

Imprimé en Chine

Mes jolies sirènes

AUZOU

Sommaire

La Petite Sirène

Il était une fois, au plus profond des flots, un château où régnait le roi de la Mer. Il vivait là avec ses six filles à queue de poisson. La dernière était la plus belle de toutes. Un jour, leur père leur annonça : « Mes enfants, quand vous aurez quinze ans, vous pourrez monter à la surface de la mer. »
Ainsi, lorsque les jeunes filles arrivaient à leur quinzième année, elles montaient voir le monde et racontaient aussitôt à leurs sœurs toutes les merveilles qu'elles avaient vues. La plus jeune était aussi la plus impatiente de toutes. Il lui tardait d'avoir quinze ans, pour voir de ses propres yeux les splendeurs du monde.
Quand son tour vint, la petite sirène s'éleva à travers les eaux.

Un grand navire à trois mâts se trouvait là. On donnait une fête sur le pont, en l'honneur d'un prince, le plus beau que la jeune fille ait jamais imaginé. Mais une tempête s'annonçait. La mer commença à s'agiter et une grande vague s'abattit sur le bateau. Il coula, le jeune homme avec lui. Alors, la petite sirène plongea à son secours.
Elle le porta sur une plage, dans une petite crique où s'élevait un couvent. Une jeune fille accourut et la petite sirène alla se cacher derrière un rocher. Quand le prince revint à lui, il sourit à la jeune fille, croyant que cette dernière l'avait sauvé. La petite sirène repartit bien triste chez son père.

Les jours passèrent et la petite sirène était toujours aussi affligée. Elle remontait souvent à la surface pour observer son beau prince. Désespérée, elle décida d'aller voir la sorcière de la Mer, qui habitait une caverne dans les tréfonds du royaume, là où aucune lumière ne pouvait percer.

« Je sais pourquoi tu viens me voir, dit la sorcière, tu veux échanger ta queue de poisson contre deux jambes humaines, et rejoindre ton prince sur la terre ferme. Je peux t'aider. Tu garderas ta grâce naturelle, mais marcher te fera souffrir. Le veux-tu ?
– Je le veux, répondit la petite sirène.
– Il faut aussi que tu saches que tu ne pourras jamais redevenir une sirène. Il te faudra gagner l'amour du prince. S'il ne t'épouse pas, tu deviendras écume sur la mer.
– Oui, dit la jeune fille.
– Je vais te préparer une potion, mais en échange, tu dois me donner ta voix ! »
La jeune fille accepta et prit le breuvage de la sorcière. N'osant pas dire adieu à sa famille, elle remonta à la surface où elle but le philtre et s'évanouit. Quand elle revint à elle, le prince se tenait à ses côtés. Elle avait deux jolies jambes à la place de sa queue de poisson et, en se relevant, elle ressentit une grande douleur. Mais c'est d'une démarche légère qu'elle suivit son bien-aimé.

Les jours passèrent et tous à la cour admiraient la beauté et la grâce de la jeune fille, y compris le prince. Malheureusement, il ne songeait pas à l'épouser. Il était amoureux de la jeune fille du couvent, qui l'avait retrouvé sur la plage, mais qu'il ne pouvait épouser.
« Hélas ! pensait la petite sirène, il ne sait pas que c'est moi qui l'ai sauvé ! »

Puis un jour, on apprit que le prince devait se marier avec la fille du roi voisin. Ils montèrent à bord d'un vaisseau. Quand la princesse parut, la petite sirène reconnut en elle la fille du couvent. Le prince, fou de joie, la serra dans ses bras et décida de l'épouser le soir même. La petite sirène avait le cœur brisé. La veille du mariage, elle observa son bien-aimé toute la nuit, puis aux premières lueurs du jour, elle s'élança dans les eaux. Mais au lieu de devenir écume, elle s'éleva vers le ciel où les filles de l'Air l'attendaient. La petite sirène regarda une dernière fois son prince qui scrutait la mer à sa recherche, puis rejoignit les enfants de l'Air dans le ciel.

La Sirène d'Olaf

Au bord de la mer du Nord vivait autrefois un roi cruel et exigeant. Pas un jour ne s'écoulait sans qu'il ne soumette son entourage à ses caprices dans le seul but de se distraire.

Au gentilhomme nommé Olaf, chargé de le divertir chaque matin, il répétait :

« Surprends-moi, sinon tu recevras cent coups de fouet. »

Mais vint un jour où le pauvre Olaf fut à court d'idées et, devant le roi impatient, resta muet.

Le monarque tapa du pied :

« Si d'ici demain tu n'as pas trouvé de quoi m'amuser, je confisquerai ton titre et ta fortune. Tu finiras au cachot, enfermé à tout jamais ! » Olaf, fort inquiet, gagna le bord de mer pour réfléchir en paix.

Quel spectacle pouvait-il offrir à son roi qu'il n'eût pas déjà vu ? À genoux sur le sable, la tête entre les mains, il perdait espoir lorsque, soudain, parvint à ses oreilles la mélodie la plus douce qu'il eût jamais entendue.

Il sauta sur ses pieds, regarda de tous côtés et aperçut enfin, assise sur un rocher, une sirène d'une grande beauté.

« La voix de cette ondine saura réjouir mon roi, j'en fais le pari ! » murmura Olaf.

Il se précipita aussitôt sur la belle aux cheveux longs, mi-femme mi-poisson. Il l'enveloppa de sa cape, la jeta sur son épaule et s'en retourna d'un pas vif. Parvenu au château, il déposa la sirène dans un aquarium de belle taille, qui trônait au milieu du salon. Il y fit ajouter un rocher, un supplément d'eau salée, puis, sûr de plaire à son roi, il partit se coucher.

Là, bien que fort fatigué, il ne put s'endormir. Sans cesse il songeait à sa captive, si belle, enfermée dans sa prison de verre. Elle ne lui avait dit mot, mais l'avait longuement regardé de ses grands yeux emplis de larmes claires.

N'y tenant plus, envahi par les remords, Olaf se leva et courut jusqu'à l'aquarium.

« Mademoiselle, promit-il à la jeune fille, il vous suffira de chanter une fois ou deux pour mon roi, après quoi il se lassera de votre voix. Je vous ramènerai où je vous ai trouvée, je vous le promets ! » La sirène répondit doucement :

« Monsieur, je ne peux chanter que si je suis heureuse, et je ne suis heureuse que si je suis libre... »

Olaf la supplia :

« Je vous en prie, si vous ne chantez pas, le roi me fera enfermer à tout jamais ! »

La sirène, touchée par sa détresse, murmura :

« Je ne sais si j'y parviendrai, mais pour vous, monsieur, j'essaierai. » Au matin, Olaf, le cœur battant, conduisit son roi devant l'aquarium. La sirène plongea son regard dans celui du jeune homme, puis elle se racla la gorge, ouvrit la bouche... mais hélas, malgré tous ses efforts, aucun son n'en sortit. Le roi furieux hurla à ses gardes :

« Débarrassez-moi de cette stupide créature ! »

Olaf écarquilla les yeux : par sa faute, la sirène allait perdre la vie... Alors, sans hésiter, au mépris du danger, il prit la belle dans ses bras et s'élança au-dehors, détalant plus vite que s'il avait le diable à ses trousses.

Il courut si longtemps et si loin que jamais on ne le retrouva.

Bien sûr, il perdit titre et fortune mais, devenu simple pêcheur, il fut pourtant le plus heureux des hommes. Il faut dire que, chaque soir, assis sur un rocher, il écoutait avec bonheur la sirène de son cœur, grâce à laquelle il avait retrouvé la liberté.

Ulysse et les sirènes

Ulysse, jeune roi d'Ithaque, naviguait tranquillement à bord de son voilier, après avoir affronté le monde des enfers. Avec son équipage, il profitait de cette accalmie de courte durée. Car, dans quelques instants, ils allaient traverser l'océan des sirènes. Ces sirènes-là n'avaient rien à voir avec l'idée que nous nous faisons aujourd'hui des sirènes : elles étaient de véritables tueuses d'hommes ! Elles les attiraient auprès d'elles par leurs chants mélodieux, puis les emmenaient tout au fond de l'océan, pour ensuite ne jamais les laisser repartir...

Afin de protéger les membres de son équipage, le jeune roi d'Ithaque leur ordonna de se boucher les oreilles avec de la cire. Mais Ulysse avait tellement entendu parler de ces fameuses sirènes, qu'il avait quand même envie d'entendre leurs célèbres voix envoûtantes. Il se fit attacher solidement au mât à l'aide de grosses cordes, et attendit ainsi patiemment. Tout à coup, des chants se firent entendre au loin, puis de plus en plus près. Tout son corps avait envie de rejoindre ces douces mélodies. Ulysse se débattait pour se détacher du mât. Après plusieurs minutes, il vit enfin les sirènes !

Il n'avait jamais vu d'aussi belles créatures ! Elles étaient encore plus jolies que tout ce qu'il avait pu entendre à leur sujet. De magnifiques jeunes femmes, au corps se prolongeant par une queue de poisson, étaient assises sur les rochers et tendaient leurs bras vers lui. Elles l'appelaient en chantant. Leurs corps ondulaient avec la houle et leurs longs cheveux flottaient dans le vent. Dans leurs coiffures, Ulysse distinguait des fils d'or ainsi que des perles. Les écailles de leurs queues miroitaient avec le soleil couchant. Ulysse était au supplice. Il hurla et tenta de défaire ses liens. Il réussit à libérer une main...

Heureusement Euryloque, un de ses compagnons, s'en aperçut. Il attacha à nouveau fermement Ulysse au mât, tandis que ce dernier essayait désespérément de rejoindre les sirènes. Ulysse supplia son ami de le libérer, mais Euryloque l'ignora. Après plus d'une heure de traversée difficile et éprouvante pour le jeune roi, ils quittèrent enfin le pays des sirènes. Ulysse avait les poignets en sang. Les membres d'équipage enlevèrent leurs bouchons de cire, puis détachèrent Ulysse. Mais celui-ci ne savoura pas totalement cette victoire. En effet, une des sirènes l'avait envoûté et il ne pourrait jamais l'oublier.

Mary-Morgane

Mary-Morgane était épuisée par toutes les petites disputes qui se produisaient depuis plusieurs lunes dans le clan des sirènes de la baie de Morlaix. Ses sœurs se chamaillaient à propos de tout et de n'importe quoi. C'était à celle qui chantait le mieux, possédait la plus belle chevelure, trouvait les coquillages les plus joliment nacrés pour se composer des parures, avait les écailles les plus brillantes... Parfois, les disputes se transformaient en véritables batailles. Les sirènes se donnaient de grands coups de nageoires, se tiraient les cheveux, se griffaient ou même se mordaient !
Mary-Morgane se gardait bien de prendre parti pour l'une ou pour l'autre, mais l'ambiance était détestable. Avant, la nuit venue, elles remontaient par bancs entiers à la surface de la mer et nageaient jusqu'à la côte pour épier les humains dans leurs chaumières... C'était le bon vieux temps !

Ce jour-là, Mary-Morgane eut la malencontreuse idée de ramasser un morceau de miroir échoué au fond de l'eau. Une horde de sirènes déchaînées lui tomba dessus aussitôt.
Mary-Morgane abandonna bien vite son bien mais, dans la bataille, elle récolta une longue égratignure sur la joue. Le sang attira un énorme thon qui se lança à sa poursuite et, soudain, un filet tomba sur la sirène et le poisson. Un instant plus tard, tous deux se retrouvaient sur le pont d'un bateau. Dès l'instant

où Mary-Morgane vit le regard que le marin et sa femme posaient sur elle, elle sut qu'ils n'étaient pas prêts de la relâcher. Sans que le fait soit exceptionnel, il n'était pas si courant en ce temps-là que l'on pêchât une sirène. Le couple de marins comprit immédiatement quel profit ils pourraient en tirer. À peine une heure plus tard, Mary-Morgane se retrouvait dans un énorme baquet, dans une baraque de foire, devant laquelle les villageois faisaient la queue pour la voir, moyennant quelques sous.

Le marin, tout endimanché, faisait son boniment :
« Ces bêtes ont un langage à part pour s'expliquer entre elles, mais elles ont moins de cervelle qu'un de nos ânes. On dit qu'elles chantent, mais ce sont des légendes. »
Alors que la sirène avait décidé de ne toucher à aucun des poissons qu'on lui avait lancés pour se laisser mourir, elle entendit soudain les hurlements des villageois, suivis d'un silence profond et total. Et, tout à coup, la baraque vola en éclats. Une immense armée de sirènes aux écailles étincelantes ondoyait sur le sol : sorties de l'eau, elles s'étaient réconciliées pour venir la délivrer. Leur chant avait pétrifié les humains et ils restèrent ainsi jusqu'à ce que les sirènes aient de nouveau plongé dans les flots...

Mélizé et le monstre de l'océan

Mélizé déguste un jus d'algues pressées quand, soudain, un dauphin surgit devant elle, affolé :
« Alerte ! Alerte ! Il y a un monstre derrière la barrière de corail qui tourne autour de la vieille épave ! »
Le dauphin passe son chemin et Mélizé, fort intriguée, réfléchit déjà. Un monstre au beau milieu de ce calme océan, c'est étonnant...
À quoi peut-il bien ressembler ?
Peut-être pourrait-elle s'approcher prudemment de l'épave, y jeter un simple coup œil et s'en retourner ? Incapable de résister à la curiosité, la sirène s'élance vivement. Elle contourne un champ de goémon, traverse un banc de sardines, et franchit la barrière de corail, le cœur battant.
Elle aperçoit le navire échoué sur le sable et s'avance. Rien de suspect à l'horizon. Parvenue au-dessus de l'épave, elle soupire, à la fois soulagée et déçue : pas d'intrus, ni de monstre en vue !

Elle longe le bateau et, toujours sur ses gardes, s'engouffre à l'intérieur de la coque vermoulue. La main en visière, elle ne croise que poissons-lunes et poissons-chats, rien de bien surprenant là non plus.
« Tant pis, je n'ai plus qu'à rentrer... » se dit-elle, déçue.
Elle se faufile au travers d'un hublot entrebâillé, mais voilà que, soudain, elle ne peut plus avancer. L'ouverture est trop étroite et Mélizé reste coincée.

Elle voudrait crier, appeler au secours, mais personne ne s'aventurera par ici aujourd'hui !

Elle s'agite dans tous les sens lorsque, soudain, elle distingue au loin une créature étrange, dotée d'une énorme tête, qui nage dans sa direction. C'est le monstre, à n'en pas douter !

Mélizé panique, tente encore de se dégager, mais hélas elle n'y parvient pas.

Alors, tremblante, elle ferme les yeux. Dans quelques instants, elle en est sûre, le monstre va la dévorer...

Mélizé sursaute, effrayée : la créature vient de l'attraper par les épaules et la fait pivoter, avant de la libérer enfin. Elle soulève les paupières et voit, juste devant elle, le monstre qui la dévisage.

Elle écarquille les yeux, stupéfaite. Son sauveur n'est pas un monstre. C'est un homme au visage très doux, enfermé dans un scaphandre. Il l'observe, l'air émerveillé... Comme il est beau !

Alors le cœur de la sirène se met à battre fort, très fort, et ce n'est pas de peur cette fois. Heureuse de voir sa curiosité si bien récompensée, elle sourit au scaphandrier.

Pour eux, Mélizé en est sûre, l'aventure ne fait que commencer !

Marine, la petite sirène aux écailles violettes

Il y a de cela bien longtemps, le fond des océans était habité par d'étranges créatures se terminant par une queue de poisson : les sirènes et les tritons. Les sirènes étaient connues pour leur étrange et fascinante beauté. Elles avaient la peau délicate et leurs longs cheveux ondulaient au gré des courants marins. La vie de ce peuple était paisible... sauf pour Marine.

En effet, cette dernière était née avec des écailles violettes, alors que toutes les autres sirènes avaient des écailles bleues. Ses semblables voyaient cette différence d'un mauvais œil et étaient impitoyables avec elle :

- Tu as vu la couleur de ses écailles ?
- Beurk, quelle horreur !

À l'école, Marine était toujours seule, même à la récréation. Elle souffrait en silence du rejet de ses camarades. Tout cela à cause de sa queue ! Et pourtant elle n'y était pour rien ! Les autres sirènes avaient toutes un copain triton et s'en vantaient... Marine était solitaire, au grand désespoir de sa maman. « Elle ne se mariera jamais », se lamentait-elle. Au fil des années, Marine embellissait. Ses longs cheveux blonds semblaient parsemés de fils d'or. Sa peau très fine avait la couleur d'un pétale de rose et sa queue avait de jolis reflets nacrés. Mais personne ne se rendait compte de ces changements, car les autres ne voyaient malheureusement que sa différence de couleur...

Un jour, une nouvelle famille s'installa dans la cité des sirènes. Le couple avait un fils unique : Nathan. Celui-ci était le plus élégant triton de tous les fonds marins. Lorsqu'il arriva à l'école, toutes les jeunes sirènes s'empressèrent de l'accueillir, en le flattant, afin d'attirer son attention. Seule Marine resta dans son coin. Les sirènes ne firent aucune réflexion sur la couleur des écailles du triton, qui étaient pourtant... rouges ! Le jeune triton ne fit pas attention aux flatteries des jeunes filles. En revanche, il ne pouvait détacher son regard de la jeune sirène mise à l'écart.
Dans la classe, il n'y avait qu'une seule place libre, à côté de Marine. Les sirènes la regardèrent avec envie car le jeune triton s'installa à côté d'elle et fit rapidement sa connaissance. Ils devinrent aussitôt amis. Depuis ce jour, aucune sirène n'osa faire la moindre réflexion sur les écailles violettes et les vêtements violets devinrent même à la mode !

Quelques années plus tard, Marine et Nathan se marièrent.
Ils vécurent heureux et eurent beaucoup de magnifiques sirènes et tritons... aux écailles rouges et violettes.